La ciudad genérica

Editorial Gustavo Gili, SL

Rosselló 87-89, 08029 Barcelona, España. Tel. 93 322 81 61
Valle de Bravo 21, 53050 Naucalpan, México. Tel. 55 60 60 11
Praceta Notícias da Amadora 4-B, 2700-606 Amadora, Portugal. Tel. 21 491 09 36

Rem Koolhaas

La ciudad genérica

GG mínima

Título original: "The Generic City", publicado originalmente en *Domus*, 791, marzo de 1997.

Colección **GGmínima**
Editores de la colección: Carmen H. Bordas, Moisés Puente
Versión castellana: Jorge Sainz
Diseño Gráfico: Toni Cabré/Editorial Gustavo Gili, SL

1ª edición, 5ª tirada, 2008

Cualquier forma de reproducción, distribución, comunicación pública o transformación de esta obra sólo puede ser realizada con la autorización de sus titulares, salvo excepción prevista por la ley. Diríjase a CEDRO (Centro Español de Derechos Reprográficos, www.cedro.org) si necesita fotocopiar o escanear algún fragmento de esta obra.
La Editorial no se pronuncia, ni expresa ni implícitamente, respecto a la exactitud de la información contenida en este libro, razón por la cual no puede asumir ningún tipo de responsabilidad en caso de error u omisión.

© Rem Koolhaas
© Editorial Gustavo Gili, SL, Barcelona, 2006

Printed in Spain
ISBN: 978-84-252-2052-4
Depósito legal: B. 34.663-2008
Impresión: Gráficas Campás, SA, Badalona

Rem Koolhaas
La ciudad genérica
1997

1. Introducción

1.1 ¿Son las ciudades contemporáneas como los aeropuertos contemporáneos, es decir, "todas iguales"? ¿Es posible teorizar esta convergencia? Y si es así, ¿a qué configuración definitiva aspiran? La convergencia es posible sólo a costa de despojarse de la identidad. Esto suele verse como una pérdida. Pero a la escala que se produce, *debe* significar algo. ¿Cuáles son las desventajas de la identidad; y, a la inversa, cuáles son las ventajas de la vacuidad? ¿Y si esta homogeneización accidental —y habitualmente deplorada— fuese un proceso intencional, un movimiento consciente de alejamiento de la diferencia y acercamiento a la similitud? ¿Y si estamos siendo testigos de un movimiento de liberación global: "¡abajo el carácter!"? ¿Qué queda si se quita la identidad? ¿Lo Genérico?

1.2 En la medida en que la identidad deriva de la sustancia física, de lo histórico, del contexto y de lo real, en cierto modo no podemos imaginar que nada contemporáneo

—hecho por nosotros— le aporte algo. Pero el hecho de que el crecimiento humano sea exponencial implica que el pasado se volverá en cierto momento demasiado "pequeño" para ser habitado y compartido por quienes estén vivos. Nosotros mismos lo agotamos. En la medida en que la historia encuentra su yacimiento en la arquitectura, las cifras actuales de la población inevitablemente se dispararán y diezmarán la materia existente. La identidad concebida como esta forma de compartir el pasado es una proposición condenada a perder: no sólo hay —en un modelo estable de expansión continua de la población— proporcionalmente cada vez menos que compartir, sino que la historia también tiene una ingrata vida media, pues cuanto más se abusa de ella, menos significativa se vuelve, hasta el punto de que sus decrecientes dádivas llegan a ser insultantes. Esta disminución se ve exacerbada por la masa siempre creciente de turistas, una avalancha que, en su búsqueda perpetua del "carácter", machaca las identidades de éxito hasta convertirlas en un polvo sin sentido.

1.3 La identidad es como una ratonera en la que más y más ratones tienen que compartir el cebo original, y que, en un examen más minucioso, tal vez haya estado vacía durante siglos. Cuanto más poderosa es la identidad más aprisiona, más se resiste a la expansión, la interpretación, la renovación y la contradicción. La identidad se convierte en algo así como un faro: fijo, excesivamente determinado, sólo puede cambiar su posición o la pauta que emite a costa de desestabilizar la navegación (sólo París puede hacerse más parisiense: ya está en vías de convertirse en híper–París, una consumada caricatura. Hay excepciones: Londres —cuya única identidad es la falta de una identidad clara— perpetuamente se vuelve incluso menos Londres, más abierto, menos estático).

1.4 La identidad centraliza; insiste en una esencia, un punto. Su tragedia se da en simples términos geométricos. A medida que se expande la esfera de influencia, la zona caracterizada por el centro se vuelve más y más grande, diluyendo irremediablemente tanto la fuerza como la autoridad del núcleo;

inevitablemente, la distancia entre el centro y la circunferencia aumenta hasta llegar al punto de ruptura. En esta perspectiva, el descubrimiento reciente y tardío de la periferia como zona de valor potencial —una especie de situación pre–histórica que finalmente podría ser digna de recibir la atención de la arquitectura— es tan sólo una insistencia disimulada en la prioridad y la dependencia del centro: sin centro no hay periferia; es de suponer que el interés del primero compensa la vaciedad de la segunda. Conceptualmente huérfana, la situación de la periferia se ve empeorada por el hecho de que su madre todavía está viva, acaparando todo el espectáculo y enfatizando las deficiencias de su retoño. Las últimas vibraciones que emanan del centro agotado impiden la lectura de la periferia como una masa crítica. No sólo el centro es por definición demasiado pequeño para cumplir con sus obligaciones asignadas, sino que tampoco es ya el centro real, sino un rimbombante espejismo en vías de implosión: sin embargo, su presencia ilusoria niega su legitimidad al resto de la ciudad (Manhattan denigra como "gente de puente y túnel" a quienes necesitan el apoyo de las infraestructuras para entrar a la ciudad, y les hace pagar por ello). La persistencia de la actual obsesión concéntrica hace que *todos* nosotros seamos gente de puente y túnel, ciudadanos de segunda clase en nuestra propia civilización, privados de nuestros derechos por esa tonta coincidencia de nuestro exilio colectivo del centro.

1.5 En nuestra programación concéntrica (el autor pasó parte de su juventud en Amsterdam, ciudad de la máxima centralidad), la insistencia en el centro como núcleo de valor y significado, fuente de toda significación, es doblemente destructiva: no sólo el volumen siempre creciente de las dependencias es una tensión a la larga insoportable, sino que también significa que el centro tiene que ser constantemente *mantenido*, es decir, modernizado. Como "el lugar más importante", paradójicamente tiene que ser, al mismo tiempo, el más viejo y el más nuevo, el más fijo y el más dinámico; sufre la adaptación más intensa y constante, que luego se ve comprometida y complicada por el hecho de que también tiene que ser una transformación irreconocible, invisible a simple vista (la ciudad de Zúrich ha encontrado la solución más radical y cara en volver a una especie de arqueología inversa: una capa tras otra de nuevas modernidades —centros comerciales, aparcamientos, bancos, sótanos, laboratorios, etcétera— se construyen bajo el centro. El centro ya no se expande hacia fuera o hacia el cielo, sino hacia dentro, hacia el centro mismo de la tierra). Desde el injerto de arterias de tráfico, circunvalaciones, túneles subterráneos más o menos discretos y la construcción de cada vez más *tangenciales*, hasta la transformación rutinaria de las viviendas en oficinas, de los almacenes en *lofts*, de las iglesias abandonadas en clubes nocturnos; desde las bancarrotas en serie y las subsiguientes reinauguraciones de locales específicos en recintos comerciales más y más caros, hasta la implacable conversión del espacio utilitario en espacio "público", la peatonalización, la creación de nuevos parques, las plantaciones, los puentes, la exhibición y la sistemática restauración de la mediocridad histórica: toda la autenticidad se ve incesantemente evacuada.

1.6 La Ciudad Genérica es la ciudad liberada de la cautividad del centro, del corsé de la identidad. La Ciudad Genérica rompe con ese ciclo destructivo de la dependencia: no es más que un reflejo de la necesidad actual y la capacidad actual. Es la ciudad sin historia. Es suficientemente grande para todo el mundo. Es fácil. No necesita mantenimiento. Si se queda demasiado pequeña, simplemente se expande. Si se queda vieja, simplemente se autodestruye y se renueva. Es igual de emocionante —o poco emocionante— en todas partes. Es "superficial": al igual que un estudio de Hollywood, puede producir una nueva identidad cada lunes por la mañana.

2. Estadística

2.1 La Ciudad Genérica ha crecido espectacularmente en las últimas décadas. No sólo su tamaño ha aumentado, sus cifras también lo han hecho. A principios de los años 1970 estaba habitada por una media de 2,5 millones de residentes oficiales (más 500.000 extraoficiales); ahora ronda la cota de los 15 millones.

2.2 La Ciudad Genérica ¿comenzó en América? ¿Es tan sumamente poco original que sólo puede ser importada? En cualquier caso, la Ciudad Genérica existe ahora también en Asia, Europa, Australia y África. El paso definitivo del campo, de la agricultura, a la ciudad no es un paso hacia la ciudad tal como la conocemos: es un paso hacia la Ciudad Genérica, una ciudad tan omnipresente que ha llegado al campo.

2.3 Algunos continentes, como Asia, aspiran a la Ciudad Genérica; otros se avergüenzan de ella. Dado que tiende hacia lo tropical —y converge en torno al ecuador— una gran proporción de las Ciudades Genéricas son asiáticas, lo que aparentemente es una contradicción en sus términos: lo super–familiar habitado por lo inescrutable. Algún día volverá a ser absolutamente exótica, el producto desechado de la civilización occidental, gracias a la resemantización que su propia difusión deja tras su estela...

2.4 A veces, una ciudad antigua y singular, como Barcelona, al simplificar excesivamente su identidad, se torna Genérica. Se vuelve transparente, como un logotipo. Lo contrario no sucede nunca... al menos por ahora.

3. General

3.1 La Ciudad Genérica es lo que queda después de que grandes sectores de la vida urbana se pasaran al ciberespacio. Es un lugar de sensaciones tenues y distendidas, de contadísimas emociones, discreto y misterioso como un gran espacio iluminado por una lamparilla de noche. Comparada con la ciudad clásica, la Ciudad Genérica está *sedada*, y habitualmente se percibe desde una posición sedentaria. En vez de concentración —presencia simultánea—, en la Ciudad Genérica cada "momento" concreto se aleja de los demás para crear un trance de experiencias estéticas casi inapreciables: las variaciones de color en la iluminación fluorescente de un edificio de oficinas justo antes de la puesta del sol, o las sutilezas de los blancos ligeramente distintos de una señal iluminada en la noche. Al igual que la comida japonesa, las sensaciones pueden reconstituirse e intensificarse en la mente, o no: simplemente se pueden dejar de lado (hay donde elegir). Esta omnipresente falta de urgencia e insistencia actúa como una potente droga; induce a una *alucinación de lo normal*.

3.2 En una drástica inversión de lo que supuestamente es la principal característica de la ciudad (el "negocio"), la sensación dominante de la Ciudad Genérica es una calma misteriosa: cuanto más calmada sea, más se aproxima a su estado puro. La Ciudad Genérica afronta los "males" que se atribuían a la ciudad tradicional antes de que nuestro amor por ésta se volviese incondicional. La serenidad de la Ciudad Genérica se logra mediante la *evacuación* del ámbito público, como en la emergencia de un simulacro de incendio. El plano urbano alberga ahora sólo el movimiento necesario, fundamentalmente los coches; las autopistas son una versión superior de los bulevares y las plazas, que ocupan más y más espacio; su diseño, que aparentemente busca la eficacia automovilística, es de hecho sorprendentemente sensual, una pretensión utilitaria que entra en el dominio del espacio *liso*. Lo que es nuevo de este ámbito público sobre ruedas es que no puede medirse con dimensiones. El mismo trayecto (digamos de diez kilómetros) proporciona gran número de experiencias completamente distintas: puede durar cinco minutos o cuarenta; puede compartirse con toda la población, o con casi nadie; puede proporcionar el placer absoluto de la velocidad pura y verdadera —en cuyo caso la sensación de la Ciudad Genérica puede incluso volverse intensa o al menos adquirir densidad— o momentos de detención completamente claustrofóbicos —en cuyo caso la tenuidad de la Ciudad Genérica será lo más apreciable—.

3.3 La Ciudad Genérica es fractal, una interminable repetición del mismo módulo estructural simple; es posible reconstruirla a partir de la pieza más pequeña como, por ejemplo, de un ordenador de sobremesa, tal vez incluso de un disquete.

3.4 Los campos de golf es todo lo que queda de la otredad.

3.5 La Ciudad Genérica tiene números de teléfono fáciles, no esos rebeldes trituradores del lóbulo frontal de diez cifras que tiene la ciudad tradicional, sino versiones más homogéneas, con los números intermedios idénticos, por ejemplo.

3.6 Su principal atracción es la anomia.

4. Aeropuerto

4.1 En su momento manifestaciones de la máxima neutralidad, los aeropuertos están ahora entre los elementos más singulares y característicos de la Ciudad Genérica, son su más poderoso vehículo de diferenciación. Tienen que serlo, pues es todo lo que la persona media suele experimentar de una ciudad en particular. Como en una drástica exhibición de perfumes, los murales fotográficos, la vegetación y los atuendos locales ofrecen una primera ráfaga concentrada de la identidad local (a veces es también la última). Lejano, confortable, exótico, polar, regional, oriental, rústico, nuevo e incluso "no descubierto": éstos son los registros emocionales que se evocan. Cargados conceptualmente de este modo, los aeropuertos se convierten en signos emblemáticos grabados en el inconsciente colectivo global con salvajes manipulaciones de sus atractivos no aeronáuticos: tiendas libres de impuestos, cualidades espaciales espectaculares, y la frecuencia y fiabilidad de sus conexiones con otros aeropuertos. En cuanto a su iconografía/rendimiento, el aeropuerto es un concentrado tanto de lo híper–local como de lo híper–global: híper–local en el sentido de que podemos obtener artículos que no se encuentran ni siquiera en la ciudad; híper–global en el sentido de que se pueden obtener cosas que no se obtienen en ningún otro sitio.

4.2 La tendencia en la *Gestalt* de los aeropuertos es hacia una autonomía cada vez mayor: a veces incluso no tienen prácticamente relación alguna con una Ciudad Genérica específica. Al hacerse más y más grandes, y equipados con más servicios no vinculados a los viajes, los aeropuertos están en vías de reemplazar a la ciudad. La situación de estar "en tránsito" se está volviendo universal. En conjunto, los aeropuertos contienen poblaciones de millones de habitantes, además de contar con la plantilla laboral más grande que se conoce. En cuanto a lo completo de sus servicios, son como barrios de la Ciudad Genérica, a veces incluso son su razón de ser (¿su centro?), con la atracción añadida de ser sistemas herméticos de los que no hay escapatoria, salvo para ir a otro aeropuerto.

4.3 La fecha/edad de la Ciudad Genérica puede reconstruirse a partir de una lectura detenida de la geometría de su aeropuerto. Planta hexagonal (en casos singulares pentagonal o heptagonal): década de 1960. Planta y sección ortogonales: década de 1970. Ciudad *collage*: década de 1980. Una única sección curva, interminablemente extrusionada en una planta lineal: probablemente década de 1990. (Con la estructura ramificada como la de un roble: Alemania.)

4.4 Los aeropuertos se presentan en dos tamaños: demasiado grandes y demasiado pequeños. Pero su tamaño no tiene influencia alguna en su rendimiento. Esto indica que el aspecto más intrigante de todas las infraestructuras es su elasticidad esencial. Calculados con exactitud para los contados —pasajeros al año—, se ven invadidos por los incontables, y sobreviven, ampliados hacia la máxima indeterminación.

5. Población

5.1 La Ciudad Genérica es rigurosamente multirracial, una media del 8 % negros, 12 % blancos, 27 % hispanos, 37 % chinos/asiáticos, 6 % indeterminado y 10 % otros. Y no sólo multirracial, sino también multicultural. Ésta es la razón de que no cause sorpresa ver templos entre los bloques, dragones en los bulevares principales o budas en el CBD (*central business district* o 'distrito central de negocios').

5.2 La Ciudad Genérica siempre está fundada por gente que va de un lado a otro, está colocada para seguir adelante. Esto explica la insustancialidad de sus fundamentos. Al igual que los copos que súbitamente se forman en un líquido transparente al juntarse dos sustancias químicas para posteriormente acumularse en un montón incierto en el fondo, la colisión o confluencia de dos migraciones —por ejemplo, emigrados cubanos que van al norte y jubilados judíos que van al sur, en última instancia todos en camino hacia otro lugar— establece, cuando menos se espera, un asentamiento. Ha nacido una Ciudad Genérica.

www.ggili.com

Catálogo impreso Print catalogue

Nombre First Name

Apellidos Surname

Dirección Address

Población Town

Código postal Post code

Provincia State

País Country

Boletín digital Newsletter

e-mail

Temas de interés Subjects of interest

☐ **Arquitectura y Construcción** Architecture and Construction

☐ **Diseño** Design

☐ **Moda** Fashion

☐ **Arte y fotografía** Art and Photography

Estimado lector,

Si desea recibir gratuitamente nuestro catálogo y/o información periódica acerca de nuestras novedades editoriales por correo electrónico, por favor rellene sus datos personales e indique los temas de su interés. Asimismo, puede descargar un catálogo completo en formato PDF, desde nuestra página web.

Dear reader,

If you wish to receive a free copy of our catalogue and/or subscribe to our electronic newsletter for information on our latest publications, please fill out the form with your personal details and indicate the subject(s) in which you are interested. You can also download the complete catalogue in PDF format from our web site.

Conforme a la LO 15/1999 "Usted tiene derecho a acceder a sus datos, y a rectificarlos o cancelarlos, en su caso"

Franquear como tarjeta postal
Stamp as a postcard

Editorial Gustavo Gili, SL
Apartado de correos 35.149
08080 Barcelona (España)

6. Urbanismo

6.1 La gran originalidad de la Ciudad Genérica está simplemente en abandonar lo que no funciona —lo que ha sobrevivido a su uso— para romper el asfalto del idealismo con los martillos neumáticos del realismo y aceptar cualquier cosa que crezca en su lugar. En ese sentido, la Ciudad Genérica da cabida tanto a lo primitivo como a lo futurista: de hecho, *solamente* a estas dos cosas. La Ciudad Genérica es todo lo que queda de lo que solía ser la ciudad. La Ciudad Genérica es la post–ciudad que se está preparando en el emplazamiento de la ex–ciudad.

6.2 La Ciudad Genérica se mantiene unida no por un ámbito público excesivamente exigente —progresivamente degradado en una secuencia sorprendentemente larga en la que el foro romano es al ágora griega lo que el centro comercial es a la calle mayor—, sino por lo residual. En el modelo original de los modernos, lo residual era simplemente una zona verde, y su controlada pulcritud era una aseveración moralista de las buenas intenciones, de una asociación desalentadora y del uso. En la Ciudad Genérica, debido a que la corteza de su civilización es muy fina y gracias a su tropicalidad inmanente, lo vegetal se transforma en Residuo *Edénico*, siendo el principal portador de su identidad un híbrido de política y paisaje. Al mismo tiempo refugio de lo ilegal y lo incontrolable, y sometida a una interminable manipulación, representa un triunfo simultáneo de lo cosmético y lo primigenio. Su exuberancia inmoral compensa otras deficiencias de la Ciudad Genérica. Supremamente inorgánica, lo orgánico es el mito más poderoso de la Ciudad Genérica.

6.3 La calle ha muerto. Ese descubrimiento ha coincidido con los frenéticos intentos de su resurrección. El arte público está por todas partes: como si dos muertes hiciesen una vida. La peatonalización —pensada para conservar— simplemente canaliza el flujo de los condenados a destruir con sus pies el objeto de su presunta veneración.

6.4 La Ciudad Genérica está pasando de la horizontalidad a la verticalidad. Parece como si el rascacielos fuese la tipología final y definitiva. Ha engullido todo lo demás. Puede existir en cualquier sitio: en un arrozal o en el centro de la ciudad, ya no hay ninguna diferencia. Las torres ya no están juntas; se separan de modo que no interactúen. La densidad aislada es lo ideal.

6.5 La vivienda no es un problema. Se ha resuelto completamente o bien se ha dejado totalmente al azar. En el primer caso es legal; en el segundo, "ilegal". En el primer caso, son torres o, habitualmente, bloques (como mucho de 15 metros de fondo); en el segundo (en perfecta complementariedad) una corteza de casuchas improvisadas. Una solución consume el cielo; la otra, el terreno. Resulta extraño que quienes tienen menos dinero habiten el artículo más caro (la tierra), y los que pagan habiten lo que es gratis (el aire). En ambos casos, la vivienda demuestra ser sorprendentemente acomodaticia: no sólo la población se duplica cada muchos años, sino que también, con el decreciente control de las diversas religiones, el número medio de ocupantes por unidad se reduce a la mitad

—debido al divorcio y otros fenómenos de división familiar— con la misma frecuencia que se duplica la población de la ciudad; a medida que sus cifras crecen, la densidad de la Ciudad Genérica disminuye de modo perpetuo.

6.6 Todas las Ciudades Genéricas surgen de la tabla rasa; si no había nada, ahora están ellas; si había algo, lo han reemplazado. Debían hacerlo, de otro modo serían históricas.

6.7 El Paisaje Urbano Genérico es habitualmente una amalgama de sectores excesivamente ordenados —que datan de cerca del inicio de su desarrollo, cuando "el poder" aún no se había diluido— y ordenaciones cada vez más libres por todas partes.

6.8 La Ciudad Genérica es la apoteosis del concepto de elección múltiple: todas las casillas marcadas, una antología de *todas* las opciones. Habitualmente la Ciudad Genérica ha sido "planeada" no en el sentido usual de que cierta organización burocrática controle su desarrollo, sino como si diversos ecos, esporas, tropos y semillas hubiesen caído en la tierra al azar como en la naturaleza, hubiesen arraigado —aprovechando la fertilidad natural del terreno— y ahora formasen un conjunto: una reserva de genes que a veces produce resultados asombrosos.

6.9 La escritura de la ciudad puede resultar indescifrable y defectuosa, pero eso no significa que no haya escritura; puede que simplemente sea que *nosotros* hemos creado un nuevo analfabetismo, una nueva ceguera. La detección paciente revela los temas, las partículas y las corrientes que pueden aislarse de la aparente impenetrabilidad de esta wagneriana sopa *primigenia*: notas dejadas en una pizarra por un genio de visita hace 50 años, informes multicopiados de la ONU que se desintegran en su silo de vidrio en Manhattan, descubrimientos de ex pensadores coloniales con buen ojo para el clima, o impredecibles rebotes de educación para el diseño que cobran fuerza como un proceso global de blanqueado.

6.10 La mejor definición de la estética de la Ciudad Genérica es el "estilo libre". ¿Cómo describirlo? Imaginemos un espacio abierto, un claro en el bosque, una ciudad nivelada. Hay tres elementos: las carreteras, los edificios y la naturaleza; todos ellos coexisten con relaciones flexibles, aparentemente sin motivo, en una espectacular diversidad organizativa. Cualquiera de los tres puede dominar: a veces la "carretera" se pierde, y se la encuentra serpenteando en un desvío incomprensible; a veces *no vemos edificios*, sino sólo la naturaleza; luego, de modo igualmente impredecible, nos vemos rodeados sólo por edificios. En ciertos puntos alarmantes, las tres cosas están simultáneamente ausentes. En esos "emplazamientos" (en realidad, ¿qué es lo opuesto a un emplazamiento?; son como agujeros perforados en el concepto de ciudad), el arte público emerge como el monstruo del lago Ness, figurativo y abstracto a partes iguales, habitualmente autolimpiado.

6.11 Las ciudades específicas todavía debaten en serio los errores de los arquitectos

—por ejemplo, sus propuestas para crear redes peatonales elevadas con tentáculos que lleven de una manzana a la siguiente como solución para la congestión—, pero la Ciudad Genérica simplemente disfruta de los beneficios de sus inventos (*plataformas, puentes, túneles o autopistas*), una enorme proliferación de la parafernalia de la conexión, con frecuencia cubiertos de helechos y flores como para conjurar el pecado original, creando así una congestión vegetal más grave que una película de ciencia ficción de los años 1950.

6.12 Las carreteras son sólo para los coches. Las personas (los peatones) se encauzan por veredas (como en un parque de atracciones), por "paseos" que las levantan del suelo y luego las someten a un catálogo de situaciones exageradas (viento, calor, escarpaduras, frío, interior, exterior, olores o gases) en una secuencia que es una caricatura grotesca de la vida en la ciudad histórica.

6.13 Sí *hay* horizontalidad en la Ciudad Genérica, pero está en vías de extinción. Se compone de la historia que aún no ha sido borrada o bien de enclaves al estilo Tudor que se multiplican en torno al centro como emblemas recién acuñados de la conservación.

6.14 Irónicamente, aunque nueva en sí misma, la Ciudad Genérica está rodeada por una constelación de Ciudades Nuevas: las Ciudades Nuevas son como anillos anuales. En cierto modo, las Ciudades Nuevas envejecen con mucha rapidez, igual que a un niño de cinco años le salen arrugas y sufre artritis debido a la enfermedad llamada progeria.

6.15 La Ciudad Genérica presenta la muerte definitiva del planeamiento.
¿Por qué? No porque no esté planeada: de hecho, enormes universos complementarios de burócratas y promotores canalizan flujos inimaginables de energía y dinero hacia su terminación; por el mismo dinero, sus llanuras podrían fertilizarse con diamantes y sus campos embarrados podrían pavimentarse con adoquines de oro... Pero su descubrimiento más peligroso y estimulante es que el planeamiento no supone diferencia alguna. Los edificios pueden colocarse bien

(una torre cerca de una estación de metro) o mal (centros enteros a kilómetros de distancia de cualquier carretera). Todos ellos florecen/perecen de manera impredecible. Las redes viarias se estiran en exceso, envejecen, se pudren, se quedan obsoletas; las poblaciones se duplican, se triplican, se cuadruplican y de pronto desaparecen. La superficie de la ciudad explota, la economía se acelera, se lentifica, se dispara o se hunde. Al igual que las madres antiguas que todavía alimentan sus embriones titánicos, ciudades enteras se construyen sobre infraestructuras coloniales de las que los opresores se llevaron a casa los planos. Nadie sabe dónde, cómo o desde cuándo funcionan las alcantarillas, nadie sabe la localización exacta de las líneas telefónicas, cuál fue la razón de colocar ahí el centro, ni dónde acaban los ejes monumentales. Lo que demuestra todo ello es que hay infinitos márgenes ocultos, colosales reservas de inercia, un perpetuo proceso orgánico de ajuste, normas, comportamientos; las expectativas cambian con la inteligencia biológica del animal más atento. En esta apoteosis de la elección múltiple nunca volverá a ser posible reconstruir la causa y el efecto. Funcionan, eso es todo.

6.16 La aspiración de la Ciudad Genérica a la tropicalidad supone automáticamente el rechazo de cualquier referencia prolongada a la ciudad como fortaleza, como ciudadela; es abierta y acomodaticia como un manglar.

7. Política

7.1 La Ciudad Genérica tiene relación (a veces distante) con un régimen más o menos autoritario, local o nacional. Lo habitual es que los compinches del "dirigente" —quien quiera que sea— hayan decidido promover un pedazo de "centro urbano" en la periferia, o incluso empezar una ciudad en medio de la nada, y desencadenar así la prosperidad que ponga la ciudad en el mapa.

7.2 Con mucha frecuencia, el régimen ha desarrollado un sorprendente grado de invisibilidad, como si gracias a su permisividad la Ciudad Genérica se resistiese a lo dictatorial.

8. Sociología

8.1 Resulta muy sorprendente que el triunfo de la Ciudad Genérica no haya coincidido con el triunfo de la sociología, una disciplina cuyo "campo" ha sido ampliado por la Ciudad Genérica más allá de la imaginación más desaforada. La Ciudad Genérica es sociología, sucesos. Cada Ciudad Genérica es como una cápsula de Petri, o bien una pizarra infinitamente paciente en la que casi cualquier hipótesis puede ser "demostrada" y luego borrada, para no resonar nunca en las mentes de sus autores o su público.

8.2 Claramente, hay una proliferación de comunidades —un zapeo sociológico— que se resiste a una sencilla interpretación derogatoria. La Ciudad Genérica está debilitando todas las estructuras que en el pasado hicieron que algo se fusionase.

8.3 Aunque infinitamente paciente, la Ciudad Genérica también se muestra persistentemente rebelde ante la especulación:

demuestra que la sociología puede ser el peor sistema para captar la sociología en ciernes. Se mofa de cada crítica establecida. Aporta grandes cantidades de pruebas a favor y —en cantidades aún más impresionantes— en contra de cada hipótesis. En *A*, los bloques en torre llevan al suicidio; en *B*, a la felicidad para siempre. En *C*, se ven como un primer paso en el camino a la emancipación (presumiblemente bajo alguna clase de coacción, no obstante); en *D*, simplemente como algo pasado de moda. Construidos en cantidades inimaginables en *K*, se están aprovechando en *L*. La creatividad es inexplicablemente alta en *E*, e inexistente en *F*. *G* es un mosaico étnico ininterrumpido; *H* está constantemente a merced del separatismo, por no decir al borde de la guerra civil. El modelo *Y* nunca perdurará debido a su alteración de la estructura familiar, pero *Z* florece —una palabra que ningún académico aplicaría nunca a actividad alguna de la Ciudad Genérica— a causa de ella. La religión se ve erosionada en *V*, sobrevive en *W* y se transmuta en *X*.

8.4 Extrañamente, nadie ha pensado que, acumulándolas, las infinitas contradicciones de estas interpretaciones demuestran la riqueza de la Ciudad Genérica; ésa es la hipótesis que se ha eliminado por anticipado.

9. Barrios

9.1 Siempre hay un barrio llamado Lipservice,[1] en el que se conserva una mínima parte del pasado: habitualmente hay un viejo tren/tranvía o autobuses de dos pisos circulando por ella y haciendo sonar ominosas campanas: versiones domesticadas del barco fantasma de *El holandés errante*. Las cabinas telefónicas o bien son rojas y se han transplantado de Londres, o bien están dotadas de tejadillos chinos. Lipservice —también llamado Afterthoughts, Waterfront, Too Late, 42nd Street, sencillamente el Village, o incluso Underground—[2] es una elaborada operación mítica: exalta el pasado como sólo puede hacerlo lo recién concebido. Es una máquina.

9.2 La Ciudad Genérica ¿tuvo un pasado alguna vez? En su impulso por destacar,

---

[1] Juego de palabras: *to pay lip service* significa algo así como 'hablar de boquilla' [N. del T.].
[2] Respectivamente 'Ideas postreras', 'Orilla', 'Demasiado tarde', 'Calle 42', 'la Aldea' y 'Subterráneo' [N. del T.].

grandes sectores de ella en cierto modo desaparecieron, al principio sin que nadie lo lamentase —según parece, el pasado era sorprendentemente insalubre, incluso peligroso— y luego, sin avisar, el alivio se convirtió en pesar. Ciertos profetas —con largos cabellos blancos, calcetines grises y sandalias— habían estado advirtiendo siempre de que el pasado era necesario, un recurso. Lentamente, la máquina de destrucción deja de machacar: algunas casuchas aleatorias del blanqueado plano euclidiano se salvan, restituidas a un esplendor que nunca tuvieron...

9.3 Pese a su ausencia, la historia es la principal preocupación, incluso la principal industria, de la Ciudad Genérica. En los terrenos liberados, alrededor de las casuchas restauradas, se construyen más hoteles para acoger a turistas adicionales en proporción directa a la eliminación del pasado. Su desaparición no tiene influencia alguna en sus cifras, o tal vez se trata sólo de una avalancha de última hora. El turismo es ahora independiente del destino...

9.4 En vez de recuerdos específicos, las asociaciones de ideas que moviliza la Ciudad Genérica son recuerdos generales, recuerdos de recuerdos: si no todos los recuerdos al mismo tiempo, sí al menos un recuerdo abstracto y simbólico, un *dejà vu* que nunca acaba, un recuerdo genérico.

9.5 Pese a su modesta presencia física (Lipservice nunca tiene más de tres plantas de altura: ¿homenaje a Jane Jacobs o venganza de ésta?), condensa todo el pasado en un único conjunto. La historia retorna aquí no como un rostro, sino como un *servicio*: mercaderes disfrazados (con cómicos sombreros, estómagos al aire y velos) activan voluntariamente esas condiciones (esclavitud, tiranía, enfermedad, pobreza o colonialismo) para abolir las cuales su país se lanzó en su momento a la guerra. Como un virus que se multiplica por todo el mundo, lo colonial parece la única fuente inagotable de lo auténtico.

9.6 42nd Street: aunque aparentemente son los lugares donde se conserva el pasado, en realidad son los lugares donde el pasado más ha cambiado, es el más lejano —como si lo viésemos con el telescopio al revés— o incluso se ha eliminado completamente.

9.7 Sólo el recuerdo de los excesos anteriores es lo suficientemente fuerte como para aducir lo anodino. Como si tratasen de reconfortarse al calor de un volcán extinguido, los sitios más populares (con turistas, y en la Ciudad Genérica eso incluye a todo el mundo) son los que una vez estuvieron más intensamente asociados al sexo y a la mala conducta. Los inocentes invaden las antiguas guaridas de proxenetas, prostitutas, chaperos, travestidos y, en menor grado, artistas. Paradójicamente, en el mismo momento en que la autopista de la información está a punto de llevar la pornografía en toneladas a sus cuartos de estar, es como si la experiencia de caminar sobre esas ascuas recalentadas de transgresión y pecado les hiciese sentirse especiales y vivos. En una época que no genera una nueva aura, el valor del aura establecida se dispara. ¿Es caminar sobre esas cenizas lo más cerca que se hallarán de la culpa? ¿El existencialismo diluido a la intensidad de una botella de Perrier?

9.8 Cada Ciudad Genérica tiene una orilla, no necesariamente con agua —también puede ser con un desierto, por ejemplo—, pero al menos un borde donde se encuentra con otra situación, como si una posición cercana a la escapatoria fuese la mejor garantía para su disfrute. En ese borde los turistas se congregan a montones alrededor de un puñado de tenderetes. Multitud de vendedores ambulantes intentan venderles los aspectos "únicos" de la ciudad. Las partes únicas de todas las Ciudades Genéricas juntas han creado un recuerdo universal, un cruce científico entre la torre Eiffel, el Sacré–Coeur y la estatua de la Libertad: un edificio alto (habitualmente entre 200 y 300 metros) sumergido en una pequeña bola de agua con nieve o, si estamos cerca del ecuador, escamas de oro; diarios con tapas de cuero picadas de viruela; sandalias *hippies*, aunque los verdaderos *hippies* son repatriados rápidamente. Los turistas los acarician —nadie ha presenciado nunca una venta— y luego se sientan en exóticos comedores que bordean la orilla. Allí prueban toda la gama de platos del día: *picantes*, que en principio y en última instancia pueden ser la indicación más fiable de estar en otro sitio; *hamburguesas*, de ternera sintética; *crudos*, una costumbre atávica que será muy popular en el tercer milenio.

9.9 Las gambas son el aperitivo fundamental. Gracias a la simplificación de la cadena alimentaria, saben como los bollos ingleses, es decir, a nada.

10. Programa

10.1 Las oficinas todavía siguen ahí, en cantidades cada vez mayores, de hecho. La gente dice que ya no son necesarias. En un plazo entre cinco y diez años trabajaremos en casa. Pero necesitaremos casas más grandes, lo bastante grandes como para usarlas para reuniones. Las oficinas tendrán que ser convertidas en casas.

10.2 La única actividad es ir de compras... Pero ¿por qué no considerar que ir de comprar es algo temporal, provisional? Espera mejores tiempos. Es fallo nuestro: nunca pensamos en algo mejor que hacer. Los mismos espacios inundados con otros programas (bibliotecas, baños, universidades) serían estupendos; quedaríamos sobrecogidos por su grandiosidad.

10.3 Los hoteles se están convirtiendo en el alojamiento genérico de la Ciudad Genérica, en su pieza edificatoria más común. Antes solían serlo las oficinas, que al menos implicaban un ir y venir, y suponían la presencia de otros alojamientos importantes en *otros sitios*. Los hoteles son ahora contenedores que, en la expansión y la universalidad de sus servicios, hacen que casi todos los demás edificios resulten redundantes. Incluso actuando también como centros comerciales, son lo más parecido que tenemos a la *existencia* urbana al estilo del siglo XXI.

10.4 El hotel implica ahora un encarcelamiento, un voluntario arresto domiciliario; no queda otro lugar donde ir que pueda competir con él; llegamos y nos quedamos. En conjunto, describen una ciudad de diez millones de habitantes, todos encerrados en sus habitaciones, una especie de animación a la inversa: la densidad en implosión.

11. Arquitectura

11.1 Cerremos los ojos e imaginemos una explosión de beis. En su epicentro chapotea el color de los pliegues vaginales (sin excitar), el berenjena metálico mate, el tabaco-caqui, el calabaza grisáceo; todos los coches se aproximan a la blancura nupcial...

11.2 Hay edificios interesantes y aburridos en la Ciudad Genérica, como en todas las ciudades. En ambos casos su ascendencia se remonta a Mies van der Rohe: la primera categoría, a la torre irregular de la Friedrichstrasse (1921); la segunda, a las cajas que concibió no mucho después. Esta secuencia es importante: obviamente, tras una experimentación inicial, Mies dispuso su mente de una vez por todas en contra de lo interesante y a favor de lo aburrido. Como mucho, sus edificios posteriores captan el espíritu de su trabajo anterior —¿sublimado, reprimido?— como una ausencia más o menos apreciable, pero nunca volvió a proponer proyectos "interesantes" como posibles edificios. La Ciudad Genérica demuestra que estaba equivocado: sus arquitectos más audaces han aceptado el desafío que Mies rechazó, hasta el punto de que ahora es difícil encontrar una caja. Irónicamente, este homenaje exuberante al Mies interesante muestra que "el" Mies estaba en un error.

11.3 La arquitectura de la Ciudad Genérica es, por definición, bella. Construida a una velocidad increíble y concebida a un ritmo más increíble aún, hay una media de 27 versiones malogradas por cada edificio realizado, pero éste no es el término adecuado. Los proyectos se preparan en esos 10.000 estudios de arquitectura de los que nadie ha oído hablar nunca, todos vibrantes de una inspiración innovadora. Supuestamente más modestos que sus colegas bien conocidos, estos estudios están ligados por una conciencia colectiva de que algo va mal en la arquitectura y que sólo puede rectificarse mediante sus esfuerzos. El poder de las cifras les otorga una espléndida y lustrosa arrogancia. Son los únicos que proyectan sin vacilación. De mil y una fuentes, con una precisión salvaje, reúnen más riquezas de las que pudo tener ningún genio. Como media, su educación ha costado 30.000 dólares, sin contar los viajes y el alojamiento. El 23 % han sido blanqueados en las universidades norteamericanas de la Ivy League, donde han estado en contacto —hay que reconocer que durante períodos muy cortos— con la élite bien pagada de la otra profesión, la "oficial". De ello se deduce que una inversión combinada total de 300 mil millones de dólares en formación arquitectónica (30.000 dólares [coste medio] × 100 [número medio de trabajadores por estudio] × 100.000 [número de estudios en todo el mundo]) está trabajando y produciendo Ciudades Genéricas en todo momento.

11.4 Los edificios que son complejos de forma dependen de la industria del muro cortina, de los adhesivos cada vez más eficaces y de los selladores que convierten cada edificio en una mezcla de camisa de fuerza y tienda de oxígeno. El uso de la silicona —"estamos estirando la fachada tanto como sea posible"— ha igualado todas las fachadas, ha pegado el vidrio a la piedra, al acero y al hormigón con una impureza propia de la era espacial. Estas uniones dan la impresión de cierto rigor intelectual gracias a la generosa aplicación de un compuesto espermático transparente que mantiene todo unido por cuestiones de intención, más que de diseño: un triunfo del pegamento sobre la integridad de los materiales. Como todo lo demás en la Ciudad Genérica, su arquitectura es lo resistente vuelto maleable, una epidemia de lo flexible causada no por la aplicación de los principios, sino por la aplicación *sistemática* de lo que no los tiene.

11.5 Dado que la Ciudad Genérica es principalmente asiática, su arquitectura generalmente tiene aire acondicionado; y ahí es donde el reciente cambio de paradigma —que la ciudad ya no representa el máximo desarrollo, sino un subdesarrollo en el límite— se torna agudo: los medios brutales con los que se logra el acondicionamiento universal imitan dentro de los edificios las condiciones climáticas que antes "sucedían" fuera: tormentas repentinas, mini–tornados, rachas gélidas en la cafetería, olas de calor, e incluso neblina; un provincianismo de lo mecánico, abandonado por la materia gris en busca de lo electrónico. ¿Incompetencia o imaginación?

11.6 La ironía es que de este modo la Ciudad Genérica alcanza su punto más subversivo, más ideológico; eleva la mediocridad a un nivel más alto; es como el *Merzbau* de Kurt Schwitters a la escala de la ciudad: la Ciudad Genérica es una *Merzstadt*.

11.7 El ángulo de las fachadas es el único indicador fiable de la genialidad arquitectónica: 3 puntos por inclinarse hacia atrás, 12 puntos por inclinarse hacia delante, penalización de 2 puntos por los retranqueos (demasiado nostálgicos).

11.8 La sustancia aparentemente sólida de la Ciudad Genérica es engañosa. El 51 % de su volumen consiste en un atrio. El atrio es un recurso diabólico por su capacidad para dar sustancia a lo insustancial. Su nombre romano es una garantía eterna de clase arquitectónica: sus orígenes históricos hacen que el tema sea inagotable. Da cabida al habitante de las cuevas en su implacable suministro de comodidad metropolitana.

11.9 El atrio es espacio vacío: los vacíos son las piezas edificatorias esenciales de la Ciudad Genérica. Paradójicamente, su vaciedad asegura su naturaleza física, siendo la exageración del volumen el único pretexto para su manifestación física. Cuanto más completos y repetitivos son sus interiores, menos se aprecia la repetición esencial.

11.10 El estilo elegido es posmoderno, y *siempre permanecerá así*. El movimiento posmoderno es el único que ha conseguido conectar el ejercicio de la arquitectura con el ejercicio del pánico. Lo posmoderno no es una doctrina basada en una interpretación sumamente civilizada de la historia de la arquitectura, sino un método, una mutación de la arquitectura profesional que produce resultados lo suficientemente rápidos como para seguir el ritmo de desarrollo de la Ciudad Genérica. En vez de conciencia, como tal vez habrían esperado sus inventores originales, lo que crea es un nuevo inconsciente. Es el pequeño ayudante de la modernización. Cualquiera puede hacerlo: un rascacielos inspirado en una pagoda china y/o una ciudad toscana en una colina.

11.11 Toda resistencia a lo posmoderno es antidemocrática. Crea un envoltorio de "sigilo" alrededor de la arquitectura que la hace irresistible, como un regalo de navidad procedente de una organización benéfica.

11.12 ¿Hay alguna conexión entre el predominio del espejo en la Ciudad Genérica —¿es para exaltar la nada mediante su multiplicación o un esfuerzo desesperado de captar sus esencias en vías de evaporación?— y los "obsequios" que, durante siglos, se consideraron el regalo más popular y eficaz para los salvajes?

11.13 Máximo Gorki habla en relación con Coney Island de "aburrimiento variado". Claramente pretende que la expresión sea un oxímoron. La variedad no puede ser aburrida. El aburrimiento no puede ser variado. Pero la infinita variedad de la Ciudad Genérica casi logra, al menos, hacer de la variedad algo normal: banalizada, al revés que la expectación, es la repetición lo que se ha vuelto inusual y, por tanto, potencialmente audaz y estimulante. Pero esto es para el siglo XXI.

12. Geografía

12.1 La Ciudad Genérica vive en un clima más cálido de lo habitual; va de camino al sur —hacia el ecuador—, lejos de esa maraña que el norte hizo con el segundo milenio. Es un concepto en estado de migración. Su destino final es ser tropical: mejor clima, gente más guapa. Está habitada por aquellos a quienes no les gusta estar en otro sitio.

12.2 En la Ciudad Genérica la gente no es sólo más guapa que sus coetáneos, también tiene fama de ser más ecuánime, de preocuparse menos por el trabajo, de ser menos hostil, más agradable: una prueba, en otras palabras, de que existe una conexión entre la arquitectura y el comportamiento, de que la ciudad puede hacer mejor a la gente mediante métodos aún no identificados.

12.3 Una de las características con mayor potencial de la Ciudad Genérica es la estabilidad del tiempo —sin estaciones, previsión de ambiente soleado—, pero todos los pronósticos se presentan como un cambio inminente y un deterioro futuro: nubes en Karachi. De lo ético y lo religioso, el tema de la fatalidad ha pasado a estar en el ámbito ineludible de lo meteorológico. El mal tiempo es casi la única preocupación que se cierne sobre la Ciudad Genérica.

13. Identidad

13.1 Hay una redundancia calculada (?) en la iconografía que adopta la Ciudad Genérica. Si linda con el agua, los símbolos inspirados en ella se reparten por todo su territorio. Si es un puerto, los barcos y las grúas aparecerán muy lejos tierra adentro (sin embargo, no tendría sentido mostrar los contenedores en sí mismos: no se puede particularizar lo genérico mediante lo Genérico). Si es asiática, por todas partes aparecerán mujeres "delicadas" (sensuales, inescrutables) en poses elásticas, indicando sumisión (religiosa, sexual). Si tiene una montaña, cada folleto, menú, billete o cartel insistirá en la colina, como si lo único que convenciera fuese una tautología ininterrumpida. Su identidad es como un mantra.

14. Historia

14.1 Lamentarse por la ausencia de historia es un reflejo tedioso. Revela un consenso tácito de que la presencia de la historia es algo deseable. Pero ¿quién dice que ése sea el caso? Una ciudad es un plano habitado del modo más eficaz por personas y procesos, y en la mayoría de los casos la presencia de la historia tan sólo debilita su rendimiento...

14.2 La historia presente obstruye el puro aprovechamiento de su valor teórico como ausencia.

14.3 A lo largo de la historia de la humanidad —para empezar un párrafo a la manera norteamericana—, las ciudades han crecido mediante un proceso de consolidación. Los cambios se hacen en el lugar. Las cosas se mejoran. Las culturas florecen, decaen, reviven y desaparecen, son saqueadas, invadidas, humilladas y expoliadas, triunfan, renacen, tienen edades de oro y se quedan de pronto en silencio; y todo en el mismo sitio. Por esta razón la arqueología es una profesión que consiste en *excavar*: revela un estrato tras otro de la civilización (es decir, de la ciudad). La Ciudad Genérica —como un croquis que nunca se acaba— no se mejora, sino que se abandona. La idea de estratificación, intensificación y terminación son ajenas a ella: no tiene estratos. Su siguiente estrato tiene lugar en otro sitio, bien sea justo al lado —eso puede ser el tamaño de un país— o bien incluso en otro lugar completamente distinto. El arqueologista (= arqueología con más interpretación) del siglo XX necesita un número ilimitado de billetes de avión, y no una pala.

14.4 Al exportar/expulsar sus mejoras, la Ciudad Genérica perpetúa su propia amnesia (¿su único vínculo con la eternidad?). Su arqueología será, por tanto, la prueba de su olvido progresivo, la documentación de su evaporación. Su genialidad acabará con las manos vacías: no un emperador sin ropa, sino un arqueólogo sin hallazgos, o un yacimiento liso.

15. Infraestructura

15.1 Las infraestructuras, que se reforzaban y completaban mutuamente, se están volviendo cada vez más competitivas y locales; ya no pretenden crear conjuntos que funcionen, sino que ahora tejen entidades funcionales. En vez de redes y organismos, las nuevas infraestructuras crean enclaves y puntos muertos: no más trazados grandiosos, sino giros parásitos (la ciudad de Bangkok ha aprobado planes para tres sistemas rivales de metro elevado para llegar de A a B: tal vez gane el más fuerte).

15.2 La infraestructura ya no es una respuesta más o menos retardada a una necesidad más o menos urgente, sino un arma estratégica, una predicción: el puerto *X* no se amplía para dar servicio a un territorio interior de consumidores frenéticos, sino para eliminar/reducir las posibilidades de que el puerto *Y* sobreviva hasta el siglo xxi. En una única isla, a la metrópolis meridional *Z*, aún en mantillas, se le "dota" de un nuevo sistema de metro para hacer que la metrópolis *W*, ya consolidada en el norte, parezca poco fluida, congestionada y antigua. La vida en *V* se simplifica para hacer que la vida en *U* resulte insoportable.

16. Cultura

16.1 Sólo lo redundante cuenta.

16.2 En cada zona horaria hay al menos tres representaciones del musical *Cats*. El mundo está rodeado por un anillo de Saturno de maullidos.

16.3 La ciudad solía ser el gran coto de caza sexual. La Ciudad Genérica es como una agencia matrimonial: encaja con eficacia la oferta y la demanda. Orgasmos en vez de agonía: he ahí el progreso. Las posibilidades más obscenas se anuncian con la tipografía más limpia: la Helvética se ha vuelto pornográfica.

17. Fin

17.1 Imaginemos una película de Hollywood sobre la Biblia. Una ciudad en algún lugar de Tierra Santa. Escena en un mercado: de izquierda a derecha, extras vestidos con harapos de colores vivos y túnicas de seda entran en el cuadro chillando, gesticulando, poniendo los ojos en blanco, iniciando peleas, riendo, mesándose las barbas, con los postizos goteando pegamento, apiñándose hacia el centro de la imagen, agitando bastones y puños, volcando los puestos, pisoteando los animales... La gente grita. ¿Vendiendo mercancías? ¿Anunciando futuros? ¿Invocando a los dioses? Se roban los bolsos, los criminales son perseguidos (¿o ayudados?) por la multitud. Los sacerdotes piden calma. Los niños corren como locos entre el sotobosque de piernas y túnicas. Los animales braman. Las estatuas caen. Las mujeres chillan: ¿amenazadas?, ¿extasiadas? La masa arremolinada se torna oceánica. Las olas rompen. Ahora quitemos el sonido —el silencio, un gran alivio— y pongamos la película hacia atrás. Los hombres y mujeres, ahora

mudos pero todavía visiblemente agitados, retroceden a trompicones: el observador ya no registra tan sólo seres humanos, sino que empieza a apreciar el espacio entre ellos.
El centro se vacía; las últimas sombras evacuan el rectángulo del cuadro de la imagen, probablemente quejándose, pero afortunadamente no los oímos. Ahora el silencio se refuerza con la vaciedad: la imagen muestra tenderetes vacíos, algunos desechos pisoteados. El alivio... se ha terminado. Ésa es la historia de la ciudad. La ciudad ya no está. Ahora podemos salir del cine...